LE PORT DE SAINT-PIERRE.

Qu'adviendrait-il de Saint-Pierre,

si le Port ne se faisait pas ?

ILE DE LA RÉUNION,

IMPRIMERIE DURVANT, A SAINT-PIERRE,

RUE DE LA PLAINE.

1878

LE PORT DE SAINT-PIERRE.

Qu'adviendrait-il de Saint-Pierre,

si le Port ne se faisait pas ?

LE PORT DE SAINT-PIERRE.

Qu'adviendrait-il de Saint-Pierre, si le port ne se faisait pas ?

I.

Un rapport remarquable présenté au Conseil municipal de Saint-Denis, au sujet du tracé du chemin de fer, contient cette phrase significative : « Le résultat « final de cette exploitation industrielle, au point de « vue des intérêts généraux de la Colonie, nous est inconnu. »

Si ce résultat est en effet inconnu pour le reste de la Colonie, il n'en saurait être de même pour la commune de Saint-Pierre. Nous pouvons dès à présent prédire à coup sûr que la présence du chemin de fer dans notre commune, avec les tarifs dont il a été doté par le vote des deux chambres, entraînera l'anéantissement de notre prospérité.

Utile à quelques voyageurs, il deviendra un désastre pour toutes les industries et toutes les professions, pour nos établissements maritimes, pour notre commerce et notre agriculture.

En effet, les industriels se porteront désormais là où l'agglomération de la population leur offrira du travail. La ville nouvelle qui se formera inévitablement autour du port de la Pointe des Galets y attirera l'élément laborieux de toute la Colonie. La concentration de tous les revenus du pays sur ce point n'alimentera pas seulement le commerce maritime ; elle contribuera à y créer mille industries pour la population nouvelle qui s'y établira.

II.

La Commune de Saint-Pierre, dont l'activité ne saurait être contestée, sera la première à fournir les éléments de cette émigration. Il s'ensuivra une dépopulation, sans remède possible, dont le contre-coup se fera sentir par la décroissance progressive du budget communal, la dépréciation inévitable des immeubles de la ville, et l'extinction du haut commerce.

Quant aux professions libérales et à toutes celles qui ne se soutiennent et prospèrent qu'au sein des populations nombreuses et productrices, nous pouvons prévoir, dès à présent, ce qui en adviendra en jetant les yeux sur ce qui s'est produit dans les communes de la Partie du Vent.

Leur proximité de Saint-Denis et la facilité des communications avec le chef-lieu de la Colonie, les ont presque toutes annihilées.

III.

Le commerce, aujourd'hui si florissant à Saint-Pierre, grâce à la position centrale que nous occupons, est-il sûr de conserver longtemps cette prospérité, sans notre port ? Et si, par impossible, cette prospérité se maintient, malgré la dépopulation de la commune et l'extinction de nos établissements de marine, ne sera-ce pas au détriment de l'universalité des consommateurs ? Comment en serait-il autrement, lorsque toutes les marchandises et toutes les denrées d'importation seront frappées du droit, voté par les deux chambres françaises, de plus de 24 francs par tonne, pour notre tête de ligne.

Ce droit, progressif pour le transport, qui atteint son maximum à Saint-Pierre, nous place dans un état permanent d'infériorité, quant aux avantages dont on prétend que la Colonie doit un jour bénéficier.

IV.

Si nous-passons du commerce à l'agriculture, nous voyons toute la production de Saint-Pierre, grevée du même droit exorbitant : ce droit, immuable, comme la loi qui l'a consenti et consacré en faveur de la Compagnie du chemin de fer, est de plus de 24 francs par mille kilogrammes, c'est-à-dire par tonneau.

Nous disons plus de 24 francs, parce que, outre les frais ci-après :

1 fr. 00	chargement de wagon,
1 fr. 00	déchargement,
2 fr. 50	magasinage,
7 fr. 50	embarquement,
12 fr. 00	transport de Saint-Pierre à la Pointe.

Total. 24 fr. 00

il est dit dans la loi : « A part ces priviléges et *quel-* « *ques autres avantages* de détail, les concessionnaires « ont renoncé à demander &a &a. »

Quels sont *ces avantages de détail* ? Ils sont multiples dans un port ; et il n'est pas besoin de sortir de nos mers pour savoir ce que signifient ces mots, soit à Maurice, soit à Calcutta.

Nous éloignons-nous beaucoup de la vérité, en les évaluant à 2 fr. par mille kilog., et en élevant ainsi à 26 francs les frais qui greveront la tonne des marchandises d'importation et d'exportation, du Port de la Pointe des Galets à Saint-Pierre, et réciproquement.

C'est là la conséquence inévitable de la présence du chemin de fer au milieu de nous.

Si nous ajoutons à ce tableau du dépérissement certain de la Commune, la disparition complète de nos établissements de marine, de notre mouvement de quai, de la centralisation dans notre bassin actuel des produits généraux de quatre communes et de l'importation de tous les objets nécessaires à leur consommation, il ne nous reste plus qu'à gémir sur les ruines de Saint-Pierre.

V.

Nous avons vu plus haut quel sera le sort réservé au commerce et aux consommateurs.

Nous pouvons établir d'une manière exacte la position qui sera faite à Saint-Pierre, à Saint-Louis, à Saint-Joseph, à Saint-Philippe, au producteur qui expédiera directement de la Réunion en France ou ailleurs.

De St-Pierre à la Pointe des Galets :

Transport, magasinage, embarquement, etc. . . . . 24 fr. le ton.
Prix moyen du fret. 50

Prix total du tonneau . 74 — 74 »

De Saint-Louis à la Pointe des Galets : Différence. 0 fr. 50 . . 73 50

De Saint-Joseph à Saint-Pierre, transport . . 15 fr. le tonneau.

De Saint-Pierre à la Pointe des Galets 24
Fret 50

89 De St-Joseph à la Pointe 89 »»

De Saint-Philippe à Saint-
Pierre, transport . . . 26 fr. le tonneau.
De Saint-Pierre à la Pointe 24
Fret 50
____
100 de St-Phillippe
à la Pointe 100 »»
____

Soit, pour un million de kilog. ou mille tonneaux :
De St-Pierre à la Pointe des Galets. 74.000 fr.
De St-Louis   dito   73.500
De St-Joseph   dito   89.000
De St-Philippe   dito   100.000

Il faut ajouter à ces frais ceux qui proviennent de l'intervention des intermédiaires, ici comme en France, et les droits d'entrée sur le marché métropolitain.

Si le produit se vend, au lieu d'être expédié par le producteur, les mêmes frais influent inévitablement sur le prix de vente.

VI.

Mais par notre persévérante énergie, notre patriotisme, les ressources immenses dont dispose Saint-Pierre, et le concours des communes, nos voisines, sacrifiées comme nous, *nous pouvons réagir* contre l'imminence d'un aussi grand danger, nous pouvons conserver les éléments de prospérité que nous possédons.

Notre mouvement d'importation et d'exportation s'élève à 60.000 tonnes.

Exportation. . . . . 20.000 tonnes.
Importation. 20.000
Cabotage — Entrée. . . 15.000
— Sortie. . . 5.000
____
60.000

Les communes de Saint-Louis, Saint-Joseph et Saint-Philippe contribuent, proportionnellement à leur importance agricole et commerciale, à ce mouvement de 60.000 tonnes ; car Saint-Pierre leur sert d'entrepôt général pour leur exportation et leur importation.

Nous empruntons ici à la consciencieuse étude de M. Jules Hermann les documents qu'il a puisés à des sources authentiques.

Marines.

« Le relevé des recettes de la marine du Batelage « est pour l'année 1875 de 224,568 fr. 72 et pour « l'année 1876 de 215,304 fr. 28 c., soit une moyen- « ne en chiffres ronds de 220,000 fr.

« L'exploitation de la rade de Saint-Pierre se parta- « geant entre cette marine et celle de la Concorde, « suivant des renseignements de bonne source, leurs « budgets sont à peu près les mêmes, et nous admet- « tons pour la Concorde les mêmes chiffres que pour « l'autre.

« Nous trouvons donc pour le Batelage 220.000 fr.
Pour la Concorde. . . . 220.000

Total. . . . 440.000

Cabotage.

« Le commerce de Saint-Pierre est alimenté par « douze caboteurs actuellement : dix d'un tonnage de « vingt tonneaux environ, et deux d'un tonnage de 80 « environ.

« Les premiers font les côtes de l'île, dépensent en « moyenne 8.000 fr., et rapportent autant à leurs pro- « priétaires, soit pour les recettes de cha-

« cun 16.000 × 10 . . . . 160.000 fr.
« Les deux autres font le commerce
« de Maurice et de Madagascar, dépen-
« sent environ 15.000 fr. et rapportent
« autant, soit 30.000 fr. de recettes
« pour chacun 30.000 × 2. . . . . . 60.000 fr.

                                    220.000

« Il en est du cabotage comme des marines; les
« propriétaires, les marins, les employés, les engagés,
« tous enfin ont leurs familles et leurs demeures à
« Saint-Pierre. Saint-Pierre bénéficie donc, tant en
« dépenses qu'en bénéfices, de toutes leurs recettes.

« Nous pourrions entrer ici dans une foule de con-
« sidérations et démontrer que ce ne sont point là les
« seuls avantages que notre commerce maritime nous
« procure.

« Nous nous en tiendrons donc pour les marines
« au chiffre de . . . . 440.000 fr.
« et pour le cabotage à celui de . . 220.000
          « Total . . . . 660.000 fr. »

VII.

Tel est le chiffre du mouvement maritime de la rade et du bassin de Saint-Pierre.

N'y a-t-il pas là déjà des éléments suffisants pour
l'alimentation d'un port de localité, et pour assurer à
des actionnaires un dividende satisfaisant, si l'achève-
ment de nos travaux maritimes n'était considéré que
sous le point de vue d'une spéculation financière ?

Mais nous obéissons à un tout autre mobile : il
s'agit pour nous de sauver la Commune et de la soustraire au tribut énorme qui doit d'année en année
amener sa chute et sa ruine.

Notre mouvement d'exportation et d'importation s'élève à 60.000 tonnes ; en abaissant à 24 fr. le chiffre du tarif combiné du chemin de fer et du port de la Pointe des Galets, et négligeant ainsi les *avantages de détail* dont on pourra toujours se prévaloir, nous arrivons au tribut de 1.440.000 fr. (un million quatre cent quarante mille francs,) que Saint-Pierre et ses voisins verseront, chaque année, à la Compagnie Lavalley et Pallu de la Barrière.

Quelle commune pourrait résister longtemps à ce draînage annuel! L'épuisement le plus complet, la détresse et la misère se substitueraient avant peu à la prospérité et à l'aisance générales dont jouit aujourd'hui notre commune, grâce à l'activité de ses habitants et aux avantages réels dont la nature l'a dotée.

VIII

Ce sont ces avantages qu'il est de notre devoir de conserver et d'améliorer. Nous avons à nous soustraire au joug d'une entreprise colossale que notre population et notre Conseil municipal n'ont jamais approuvée. Tous nous avons reconnu, dès le principe, que le chemin de fer n'accroîtrait en rien la production coloniale et qu'en venant grever d'un tarif onéreux notre principale industrie et nos produits agricoles déjà soumis à des droits exorbitants sur le marché métropolitain, il était loin d'avoir été conçu pour la *régénération et le salut du Pays*, comme l'a proclamé, à la Tribune française, M. le Député Labadié. Convaincus de cette vérité, et cédant à l'impulsion du patriotisme d'un côté, et du danger de l'autre, nous avons pris résolument le parti d'achever nos travaux maritimes.

Il était difficile de supposer que nos grands propriétaires, au lieu de toucher des dividendes dans les revenus de notre part et de s'opposer en même temps à la ruine de leur commune natale, consentissent à payer 24 000 francs (vingt-quatre mille francs) par million de sucre et à subir dans la même proportion les frais d'importation de tous les objets nécessaires au fonctionnement de leurs usines , à l'alimentation et à l'entretien de leurs ateliers et aux besoins de leurs cultures.

Aussi est-ce avec un élan , un patriotisme bien remarquable que nous avons vu se manifester la participation de nos grands propriétaires et de nos grands commerçants, au mouvement général qui entraînait notre population vers une résistance absolue aux conditions léonines imposées à notre Commune par la Compagnie du chemin de fer.

Le Conseil municipal , sous l'inspiration du Maire dont le dévouement nous est assuré , comprenant le désastre qui menace notre cité , joindra sans doute aux efforts individuels des souscripteurs la puissance du crédit que toute commune apporte dans les entreprises d'utilité publique.

Aussi venons-nous avec confiance , en procédant au recouvrement du quart de notre capital souscrit , soumettre à nos mandataires municipaux le bilan de nos ressources actuelles et du passif qui nous serait imposé par une Compagnie étrangère , et solliciter de son patriotisme et de son intelligence de nos intérêts généraux l'appui que l'Etat et la Colonie ont prêté à la Compagnie du Port et du chemin de fer , c'est-à-dire le vote , en principe , d'un minimum d'intérêts auquel nous ferions appel , si dans le cours de nos travaux , le besoin d'un emprunt se faisait sentir.

Nous dirons donc en terminant : Qu'adviendrait-il de Saint-Pierre , si le port ne se faisait pas ? Il serait presque complètement anéanti.

Que devons-nous faire pour conjurer ce malheur ? Unir l'appui que nous sollicitons de la Commune aux efforts individuels de la population.

Saint-Pierre, le 22 août 1878.

D. BARQUISSAU.

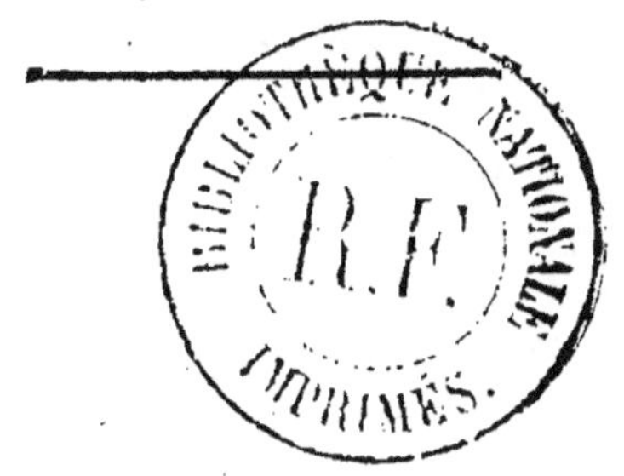